AF723419

FLYING KIWI media GmbH

WOA-Heroes: Schneller, härter, lauter!

Schmidt, Kim:
WOA-Heroes: Schneller, härter, lauter! , Dollerup: Flying Kiwi Verl. 2014
ISBN 9783940989161
(Die Deutsche Bibliothek verzeichnet diese Publikation in der Deutschen Nationalbibliografie; detaillierte bibliografische Daten sind im Internet über http://dnb.de abrufbar.)

Flying Kiwi Media GmbH
Schulstr. 5
24989 Dollerup
Tel.: (0 46 36) 97 68 299, Fax: (0 46 36) 97 68 298
Email: info@flying-kiwi.de

3. Auflage 2016

Druck: CPI Books GmbH / Leck, Inhalt gedruckt auf Recyclingpapier

Der Preis versteht sich inklusive der gesetzlichen Mehrwertsteuer.

Von diesem Buch gibt es auch eine deutsche und eine englischsprachige E-Book-Ausgabe.

Besuchen Sie uns auch im Internet unter

www.wacken.com
www.wacken-foundation.com
www.flying-kiwi.de
www.kim-cartoon.com
www.comiczeichenkurs.de

UMZUG?
NEE, WACKEN!
W:O:A

SAG BLOSS,
IHR PIMPFE
HABT KARTEN
FÜR WACKEN?
WACKÖÖÖN!
WIR NICHT,
ABER UNSERE
ALTEN!

LEUTE, ICH HAB KARTEN FÜRS WACKEN OPEN AIR!
SCHWEINEGEIL!
DREI TAGE IM MODDER SUHLEN!

HEY METALHEAD! WIE WEIT ISSES NOCH BIS WACKEN?
W:O:A
20 10
?

ICH GLAUBE,
DEIN NAVI BRAUCHT
EIN UPDATE!
NACHT DES SCHLAGERS
BAD SEGEBERG
W:O:A
HH:HH 123

SCHEISSE! GIBT KEINE TICKETS MEHR!
DOCH!
W:O:A
SOLD OUT

WACKÖÖÖN!
W:O:A
W:O:A
W:O:A

GIB MAL DIE ZELTSTANGEN!
ZELT-
STANG......

ENTSPANN DICH! IN 1 BIS 2 TAGEN HABEN WIR PLATZ IM ZELT!
Pils

IST IHRER EIN RÜDE?
PILSENER
PILSENER

HEAVY METAL!
WO?!?
WOA
WACKEN
WOA
WOA
IZ 0815
KiNN

WACKENEVOLUTION

IST DAS WIRKLICH TOP-CAMPING SANKT PETER, SCHATZ?
W:O:A
W:O:A

VERZEIHUNG:
WO SIND DENN HIER
DIE STROMANSCHLÜSSE?

GOILES PIERCING, MACKER!

KOMM HER ZU MIR, MEIN GROSSER, WILDER STIER!
HILFE!

IS FREI!

SKÅL, METAL-HEADS!

PASS AUF, HEADBANGER! DAVON KRIEGT MAN KOPF...
WACKEN!

... SCHMERZEN!?!
OUPS!

WO BLEIBT DENN DAS BIER?

ÄH... KÖNNT IHR MICH MAL RASCH ZU DEN KLOS DURCHREICHEN?
WACKEN
W:O:A
WOA
KIM

ALDER, WO BLEIBST DU? ICH BIN HIER SCHON VOR DER BLACK STAGE!
ICH AUCH!

ICH STEH' MEHR AUF BI METALL!

JA, SICHER...
KEINE SCHLIMMEN AUSDRÜCKE!
VERSPROCHEN, MUTTI!
WOA
WOA

SKÅL METALHEADS!
W:O:A
HE...
PLÄTZE
TAUSCHEN?

?
WACKÖÖÖN!
POMMES
FRIKA-
DELLE
MAYO

HIER: AUTOGRAMM VON LEMMY!
HIER: VON DER FREIWILLIGEN FEUERWEHR WACKEN!

NA ENDLICH!
HAT JA EWIG GEDAUERT!
HER DAMIT!
GEIL!
WOA
WACKÖÖÖN!

FASTER! HARDER!
LOUDER!
W:O:A

WIE WAR
IRON MAIDEN?
GEIL

WAS HA'M WIR VERPASST? MASSACRE? OVERKILL? DARK FUNERAL?
SIX FEET UNDER!

IRGENDWO HIER MUSS ICH MEINEN MP3-PLAYER VERLOREN HABEN!
WOA
Kim

SCHEISSE: DIE WURST KANNSTE VERGESSEN!
WIESO? DIE IS DOCH NOCH GUT!
DIE KANN MAN DOCH NOCH RAUCHEN!
PFF! PFF!

KEIN REGEN? UND WAS IST ES DANN?

GUCK SIE DIR AN
-WIE DIE TIERE!
FLATSCH!

ÄH... GRAVEDIGGER?
DIE SPIELEN GLEICH AUF
DER TRUE METAL STAGE!
W:O:A
KIM

... UND WISCH DEN WOHNWAGEN NOCH MAL DURCH – PAPA UND ICH WOLLEN MONTAG DAMIT AN DEN GARDASEE!
JA, MUTTI!
WOA
WOA
KIM

NA SÜSSE...
DU SOLLTEST DIR
MAL WIEDER DIE
BEINE RASIEREN!
W.O.A
2009
AC DC

SORRY, ABER ES GAB NUR NOCH KINDERGRÖSSEN!
STEHT DIR ABER!

ENDLICH WIEDER WOA!
UND DANN AUCH NOCH SO'N GEILES WETTER!

SORRY, BESETZT!

PSSST! HASTE NICHT WAS WICHTIGES VERGESSEN?
NÖ, ALLES DABEI!
W:O:A

RÜCKT MAL 'N STÜCK, LEUDE!

HAT MAL
JEMAND PAPIER?

HEEE!
SCHLÜRF!
WOA

NA,- AUCH KISS-FAN?
KISS

WER IS DA DRAUSSEN?
'NE KUH!
FRAG SIE MAL NACH KARTEN FÜR NÄCHSTES JAHR!

SACH MAL, WANN GENAU WOLLTE BERNIE SEINEN WOHNWAGEN ZURÜCK?

WACKEEEN!
Kim

ACH DU SCHEISSE! SCHLACHTHOF?
I'M ON THE HIGHWAY TO HELL!
NEE, WOA!
DLG
KIM
& HOLTSCHO

DIE OHRMARKEN? DAS SIND 25 JAHRE WACKEN, LEUTE!
Kim

OKAY, WIR HABEN ALLE GELACHT, ABER JETZT HELFT MIR MAL RAUS HIER, JA?
HALLO?